Impressum
Verlag: BABADADA GmbH, Nedderfeld 112 , 22529 Hamburg
Geschäftsführer / Verlagsleitung: Harald Hof
Druck: Books on Demand GmbH, In de Tarpen 42, 22848 Norderstedt

Imprint
Publisher: BABADADA GmbH, Nedderfeld 112 , 22529 Hamburg, Germany
Managing Director / Publishing direction: Harald Hof
Print: Books on Demand GmbH, In de Tarpen 42, 22848 Norderstedt, Germany

المدرسة

sekolah

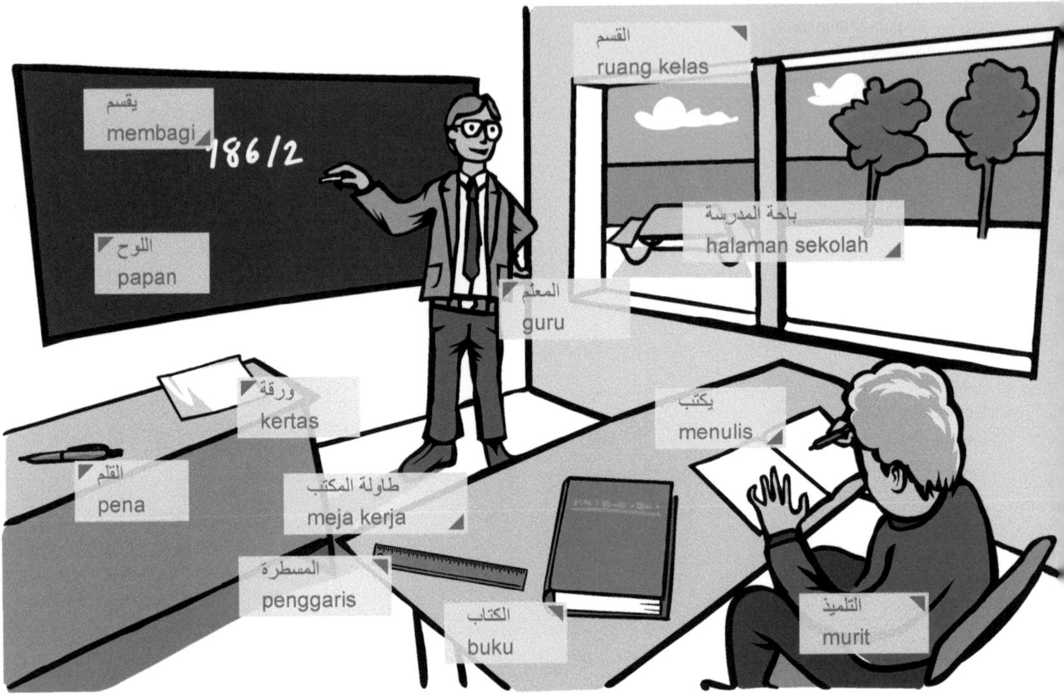
القسم
ruang kelas
يقسم
membagi
186/2
اللوح
papan
باحة المدرسة
halaman sekolah
المعلّم
guru
ورقة
kertas
يكتب
menulis
القلم
pena
طاولة المكتب
meja kerja
المسطرة
penggaris
الكتاب
buku
التلميذ
murit

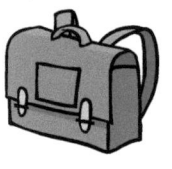

الحقيبة المدرسية

....

tas sekolah

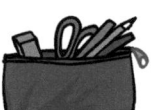

المقلمة

....

tempat pensil

قلم الرصاص

....

pensil

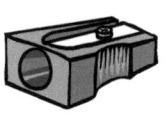

البرّاية

....

pengasah pensil

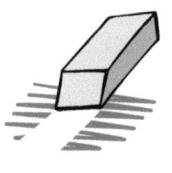

المِمحاة

....

penghapus

دفتر الرسم

....

kertas gambar

الرسمة

gambar

الفرشاة

kuas

علبة التلوين

kotak cat

المقص

gunting

المادة اللاصقة

lem

دفتر التمارين

buku latihan

الواجب المدرسي

pekerjaan rumah

12

الرقم

angka

2+2

يجمع

tambhakan

5-2

يطرح

mengurangi

2×2

يضرب

mengalikan

يحسب

menghitung

A

الحرف

huruf

**ABCDEFG
HIJKLMN
OPQRSTU
VWXYZ**

الأبجدية

alfabet

hello

كلمة

kata

النص

teks

يقرأ

membaca

الطبشور

kapur

الحصة

pelajaran

دفتر الدوام المدرسي

daftar

الامتحان

ujian

شهادة

sertifikat

اللباس المدرسي

seragam sekolah

التعليم

pendidikan

الموسوعة

ensiklopedi

الجامعة

universitas

المجهر

mikroskop

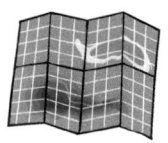

الخريطة

peta

قماما

tempat sampah

سفر
perjalanan

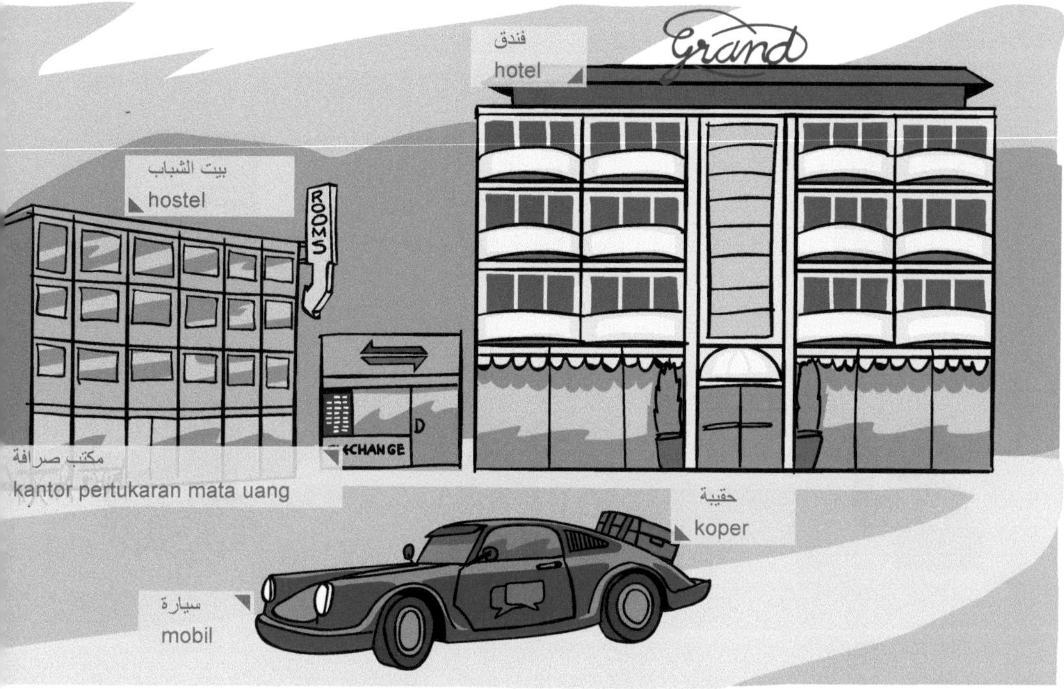

Grand
فندق
hotel
بيت الشباب
hostel
ROOMS
مكتب صرافة
kantor pertukaran mata uang
حقيبة
koper
سيارة
mobil

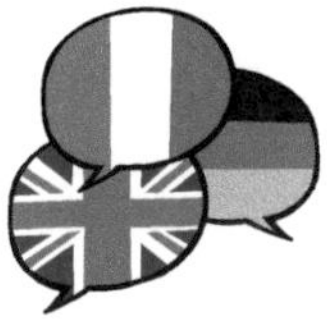

اللغة
bahasa

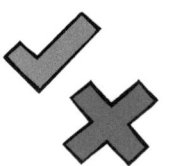

نعم / لا
ya / tidak

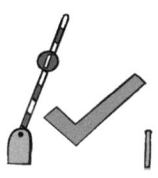

حسناً
okay

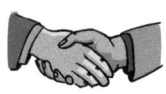

مرحباً
hallo

مترجم
penerjemah

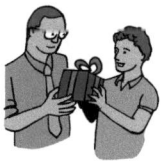

شكراً
terima kasih

كم ثمن ... ؟

Berapa harganya…?

لا أفهم

saya tidak mengerti

مشكلة

masalah

مساء الخير

Selamat malam!

صباح الخير!

Selamat siang!

ليلة سعيدة

Selamat tidur!

إلى اللقاء

sampai jumpa

اتجاه

arah

أمتعة السفر

bagasi

حقيبة

tas

حقيبة ظهر

ransel

ضيف

tamu

غرفة

ruang

كيس للنوم

kantong tidur

خيمة

tenda

استعلامات سياحية
....
informasi wisata

شاطئ
....
pantai

بطاقة انتمان
....
kartu kredit

إفطار
....
sarapan

طعام الغداء
....
makan siang

العشاء
....
makan malam

بطاقة سفر
....
tiket

مصعد
....
elevator

طابع بريدي
....
perangko

حدود
....
perbatasan

الجمارك
....
cukai

سفارة
....
kedutaan

تأشيرة
....
visa

جواز سفر
....
paspor

نقل

transportasi

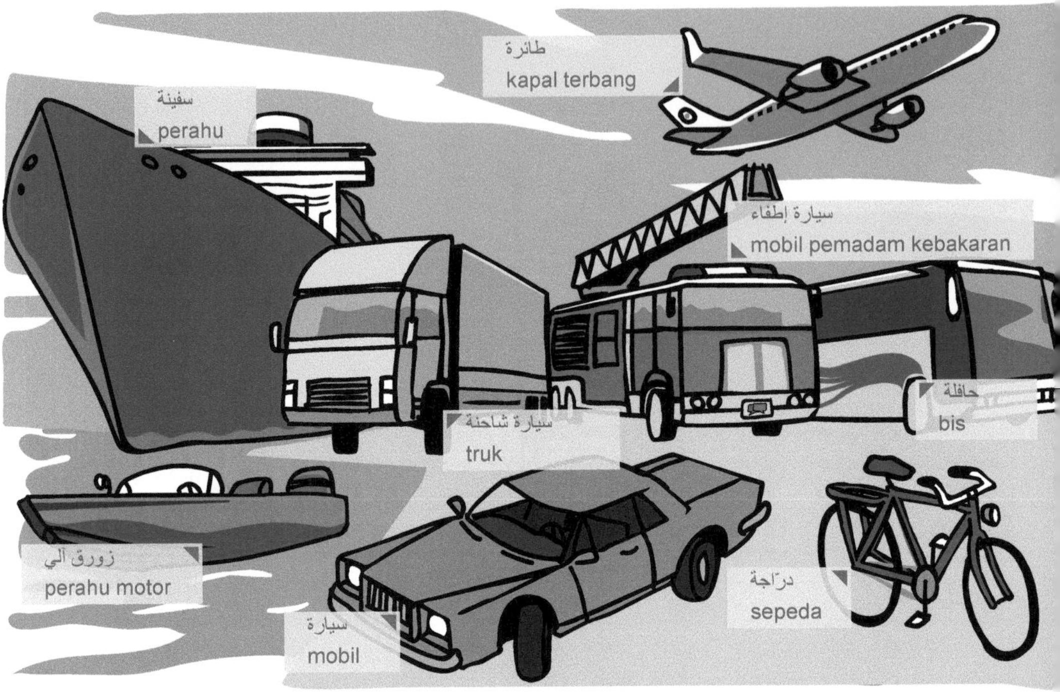

طائرة
kapal terbang
سفينة
perahu
سيارة إطفاء
mobil pemadam kebakaran
حافلة
bis
سيارة شاحنة
truk
زورق آلي
perahu motor
درّاجة
sepeda
سيارة
mobil

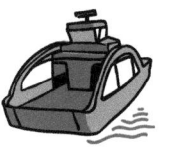

عبارة

feri

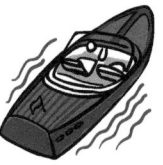

قارب

perahu

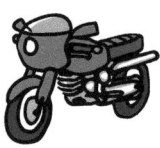

دراجة نارية

sepeda motor

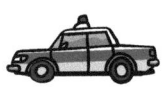

سيارة شرطة

mobil polisi

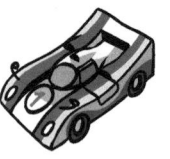

سيارة سباق

mobil balapan

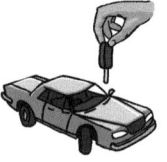

سيارة مستأجرة

mobil sewa

أسلوب تشاركي في استنجار السيارات

berbagi mobil

سيارة للجر

truk derek

سيارة نقل القمامة

truk sampah

محرك

motor

وقود

bahan bakar

محطة وقود

bensin

إشارة مرور

tanda lalulintas

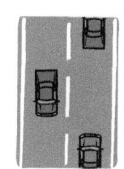

حركة السير

lalulintas

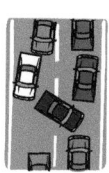

ازدحام سير

macet

موقف سيارات

parkir mobil

محطة قطار

stasiun kereta

سكك حديدية

trek

قطار

kereta api

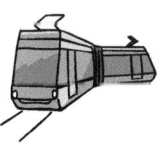

ترام

tram

عربة قطار

gerobak

طائرة مروحية
....
helikopter

مطار
....
bendara

برج
....
menara

مسافر
....
penumpang

حاوية
....
container

علبة كرتون
....
karton

عربة يد
....
troli

سلة
....
keranjang

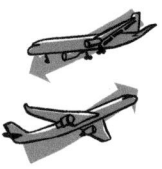

يقلع / يهبط
....
berangkat / mendarat

مدينة

kota

قرية
....
desa

مركز المدينة
....
pusat kota

بيت
....
rumah

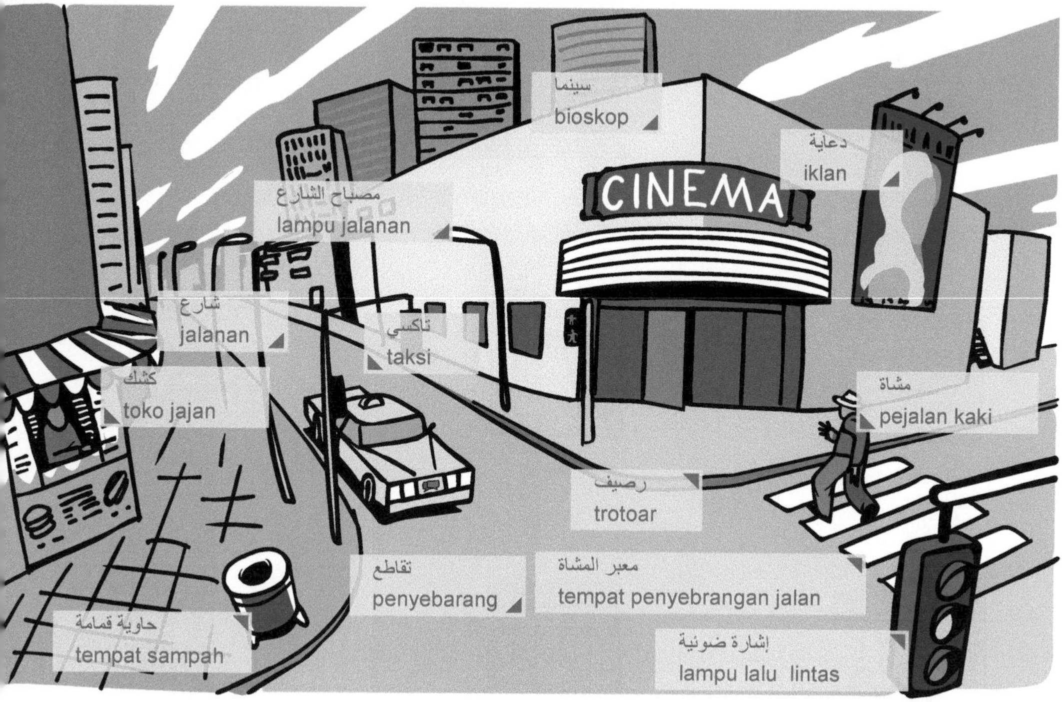

سينما
bioskop
دعاية
iklan
مصباح الشارع
lampu jalanan
CINEMA
شارع
jalanan
تاكسي
taksi
كشك
toko jajan
مشاة
pejalan kaki
رصيف
trotoar
تقاطع
penyebarang
معبر المشاة
tempat penyebrangan jalan
حاوية قمامة
tempat sampah
إشارة ضوئية
lampu lalu lintas

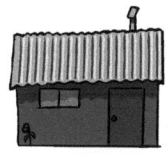

كوخ

gubuk

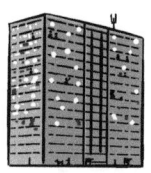

شقة

rumah flat

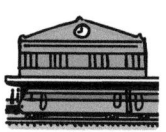

محطة قطار

stasiun kereta

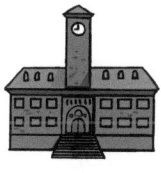

دار البلدية

balai kota

MUSEUM

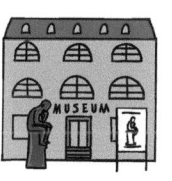

متحف

museum

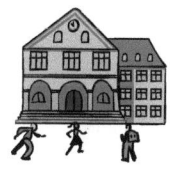

المدرسة

sekolah

الجامعة

universitas

مصرف

bank

المستشفى

rumah sakit

فندق

hotel

صيدلية

farmasi

مكتب

kantor

مكتبة

toko buku

متجر

toko

محل لبيع الزهور

toko bunga

سوبرماركت

supermarket

سوق

pasar

متجر كبير

toko serba ada

تاجر السمك

nelayan

مركز تسوّق

pusat belanja

ميناء

pelabuhan

مدينة - kota

حديقة عامة

taman

مقعد

banku

جسر

jembatan

درج، سلم

tangga

مترو

kereta bawah tanah

نفق

terowongan

موقف حافلات

pemberhantian bis

بار

bar

مطعم

restauran

صندوق البريد

kotak surat

لافتة باسم الشارع

tanda jalan

مقياس زمن الوقوف

meteran parkir

حديقة حيوانات

kebun binatang

مسبح

kolam renang

مسجد

mesjid

مزرعة
pertanian

تلوث البيئة
polusi

مقبرة
kuburan

كنيسة
gereja

ملعب الأطفال
tempat bermain

معبد
pura

طبيعة ريفية

pemandangan

ورقة
daun

علامة إرشاد
penunjuk arah

طريق
jalanan

مرج
padang rumput

حجر
batu

شجرة
pohon

رحالة
pejalak kaki

نهر
sungai

عشب
rumput

زهرة
bunga

واد
....
lembah

جبل
....
bukit

بحيرة
....
danau

غابة
....
hutan

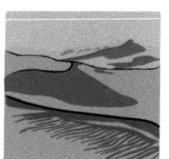

صحراء
....
padang gurun

بركان
....
gunung berapi

قلعة
....
istana

قوس قزح
....
pelangi

فطر
....
jamur

نخلة
....
pohon palem

بعوض
....
nyamuk

ذبّانة
....
lalat

نملة
....
semut

نحلة
....
lebah

عنكبوت
....
laba-laba

خنفساء

kumbang

ضفدعة

kodok

سنجاب

tupai

قنفذ

landak

أرنب

kelinci

بومة

burung hantu

عصفور

burung

بجعة

angsa

خنزير برّي

babi jantan

غزال

rusa

إلكة

rusa

سد

bendungan

دولاب الطاحونة الهوائية

turbin angin

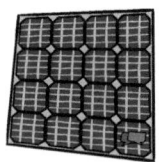

خلية شمسية

panel surya

مناخ

iklim

نادل
► pelayan

لائحة الطعام
► daftar makanan

كرسي
► kursi

حساء
► sup

بيتزا
pizza

أدوات المائدة
► peralatan makan

غطاء المائدة
taplak

مقبلات
....
hindangan pembuka

الصحن الرئيسي
....
hidangan utama

حلوى أو فاكهة بعد الطعام
....
hidangan penutup

مشروبات
....
minuman

طعام
....
makanan

زجاجة
....
botol

وجبات سريعة

fastfood

طعام الشارع

masakan jalanan

إبريق الشاي

teko teh

علبة السكر

kaleng gula

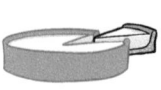

حصّة

porsi

آلة الإسبريسو

mesin espresso

كرسي عالٍ

kursi tinggi

فاتورة

tagihan

صينية

baki

سكين

pisau

شوكة

garpu

ملعقة

sendok

ملعقة الشاي

sendok teh

منديل المائدة

serbet

كأس

gelas

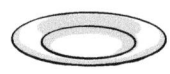

صحن
....
piring

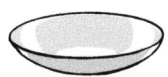

صحن الحساء
....
piring sup

صحن الفنجان
....
lepek

صلصة
....
saus

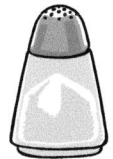

مملحة
....
tempat garam

مطحنة الفلفل
....
gilingan merica

خلّ
....
cuka

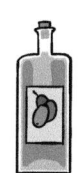

زيت الطعام
....
minyak

توابل
....
bumbu

كتشاب
....
saus tomat

خردل
....
mustar

مايونيز
....
mayones

سوبرماركت

supermarket

عرض خاص
penawaran khusus
FOR
زبون
klien
مشتقات الحليب
produk susu
فواكه
buah
عربة تسوّق
troli

BUTCHERS

جزّار

pembantai

BAKERY

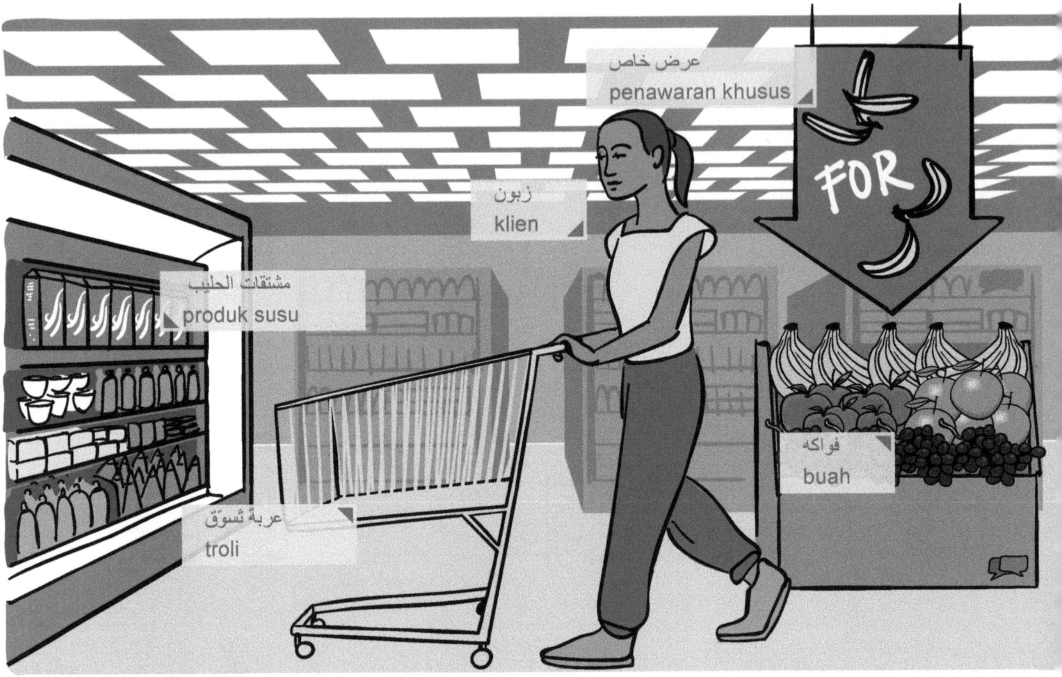

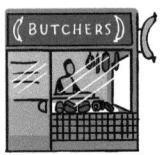

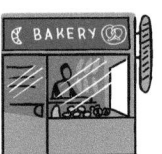

مخبز

toko roti

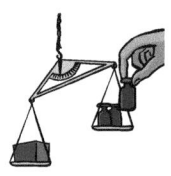

يزن

menimbang

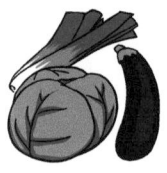

خضار

sayur

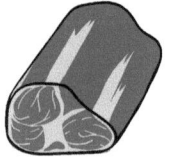

لحم

daging

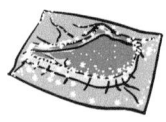

المأكولات المجمّدة

makanan beku

مرتديلا أو جبن
....
pemotongan dingin

معلبات
....
makanan kaleng

مسحوق الغسيل
....
sabun serbuk

حلويات
....
permen

المواد المنزلية
....
alat-alat rumah tangga

منظفات
....
obat pembersihan

بائعة
....
penjual

صندوق الحساب
....
kasa

أمين صندوق
....
kasir

قائمة المشتريات
....
daftar belanja

أوقات العمل
....
jam buka

محفظة النقود
....
dompet

بطاقة ائتمان
....
kartu kredit

حقيبة
....
tas

كيس بلاستيكي
....
kantong plastik

ماء

air

عصير

jus

حليب

susu

كولا

cola

نبيذ

anggur

بيرة

bir

كحول

alkohol

كاكاو

coklat

شاي

teh

قهوة

kopi

قهوة إسبريسو

espresso

كابوتشينو

cappucino

makanan

موزة
pisang

تفاح
apel

برتقال
jeruk

بطيخ
semangka

ليمون
jeruk lemon

جزرة
wortel

ثوم
bawang putih

خيزران
bambu

بصل
bawang bombai

فطر
jamur

لوزيات
kacang

شعيرية
mi

سباغيتي

spagetti

أرزّ

nasi

سلطة

salat

بطاطا مقلية

kentang goreng

بطاطا مقلية

kentang goreng

بيتزا

pizza

هامبورغر

hamburger

ساندويش

sandwich

شريحة لحم مقلية

sayatan

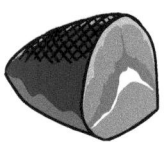

لحم خنزير

ham

سلامي

salami

سجق

sosis

دجاج

ayam

لحم محمر

menggoreng

سمك

ikan

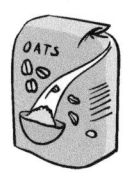

دقيق الشوفان

bubur gandum

موسلي

sereal

كورن فلكس

cornflakes

طحين

tepung

كرواسان

croissant

خبز صغير

roti

خبز

roti

خبز محمص

toast

بسكويت

biskuit

زبدة

mentega

لبن زبادي

dadih

كعكة

kue

بيضة

telur

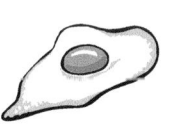

بيض مقلي

telur goreng

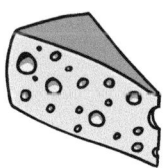

جبنة

keju

مثلجات
....
eskrim

سكر
....
gula

عسل
....
madu

مربّى الفاكهة
....
selai

كريم النوغا
....
krim nugat

الكاري
....
kare

طعام - makanan

مزرعة

pertanian

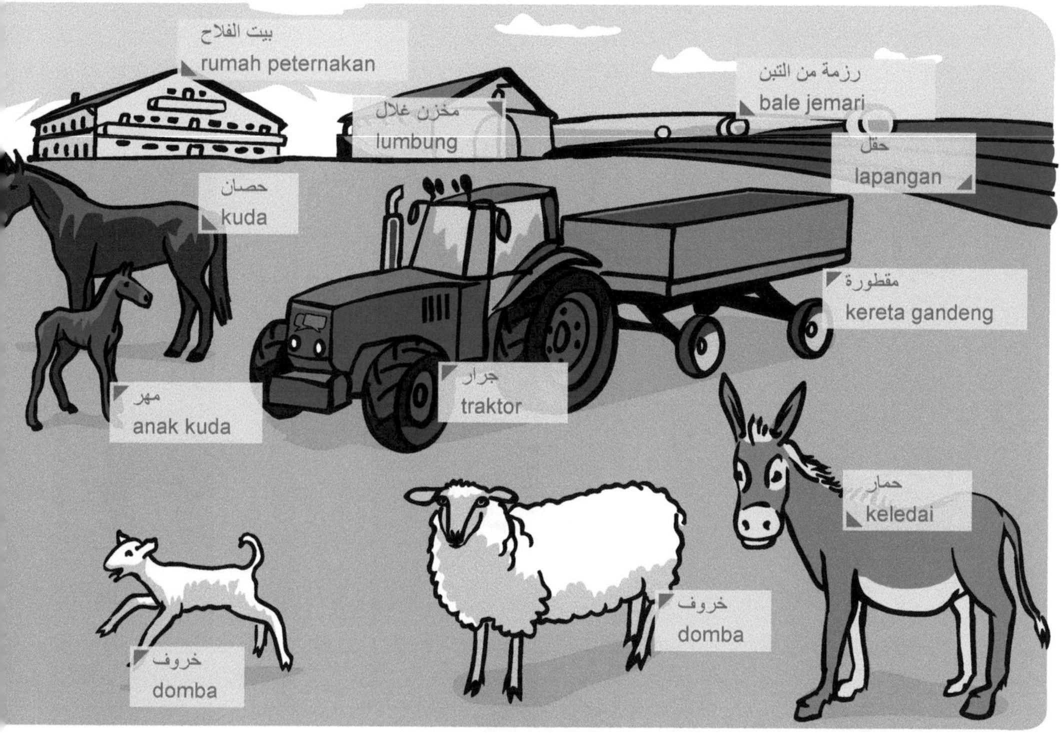

بيت الفلاح
rumah peternakan
مخزن غلال
lumbung
رزمة من التبن
bale jemari
حقل
lapangan
حصان
kuda
مقطورة
kereta gandeng
جرار
traktor
مهر
anak kuda
حمار
keledai
خروف
domba
خروف
domba

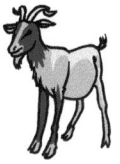

ماعز

kambing

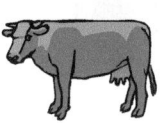

بقرة

sapi

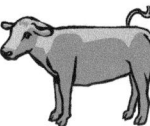

عجل

betis

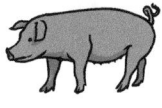

خنزير

babi

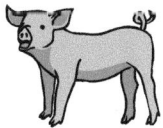

خنزير صغير

celeng

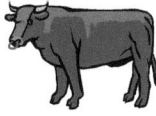

ثور

banteng

إوزّة

angsa

بطة

bebek

صوص

anak ayam

دجاجة

ayam

ديك

ayam jantan

جرذ

tikus

قطّة

kucing

فأر

tikus

ثور

lembu

كلب

anjing

كوخ الكلب

rumah anjing

خرطوم الحديقة

selang

إبريق

penyiram

منجل

sabit

المحراث

bajak

منجل

sabit

معزقة

cangkul

مذراة الزبل

garpu rumput

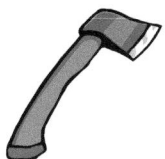

بلطة

kapak

عربة يد

gerobak

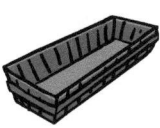

معلف

palung

صفيحة الحليب

kaleng susu

كيس

karung

سياج

pagar

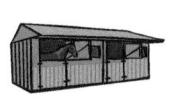

اصطبل

kandang

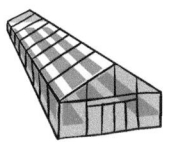

دفيئة

rumah kaca

تربة

tanah

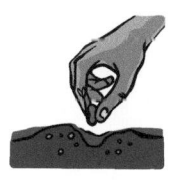

بذور

benih

سماد

pupuk

حصّادة درّاسة

mesin pemanen

يحصد

panen

محصول

panen

بطاطا يامس

yams

قمح

gandum

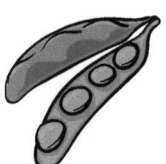

صويا

kedelai

بطاطا

kentang

ذرة

jagung

سلجم

lobak

شجرة فاكهة

pohon buah

نبات منيهوت

singkong

الحبوب

sereal

بيت

rumah

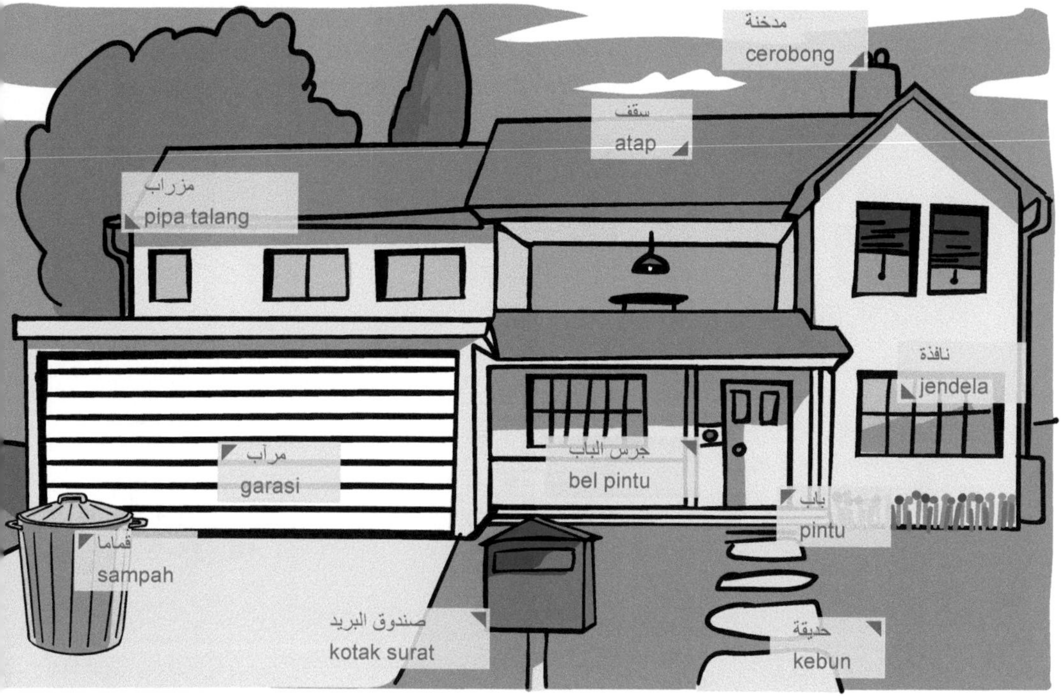

مدخنة
cerobong
سقف
atap
مزراب
pipa talang
نافذة
jendela
مرآب
garasi
جرس الباب
bel pintu
باب
pintu
قماما
sampah
صندوق البريد
kotak surat
حديقة
kebun

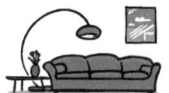

غرفة جلوس

ruang tamu

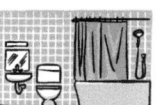

الحمّام

kamar mandi

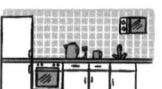

مطبخ

dapur

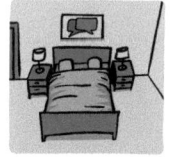

غرفة النوم

kamar tidur

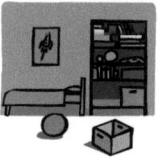

غرفة الأطفال

kamar anak

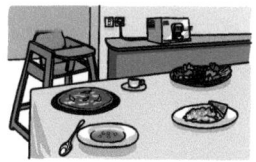

غرفة الطعام

kamar makan

أرضية
....
lantai

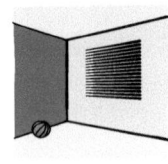

حائط
....
tembok

سقف
....
atap

قبو
....
gudang di bawah tanah

ساونا
....
sauna

بلكون
....
balkon

شرفة
....
teras

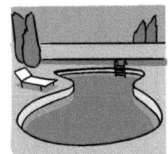

مسبح
....
kolam renang

جزّازة العشب
....
mesin pemotong rumput

بياضات السرير
....
sprei

بطانية
....
selimut

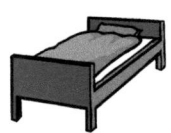

سرير
....
tempat tidur

مكنسة
....
sapu

مكنسة
....
ember

مفتاح كهربائي
....
tombol

سطل
....
ember

غرفة جلوس
ruang tamu

ورق جدران
kertas dinding
صورة
gambar
مصباح كهربائي
lampu
رف
rak
خزانة
kabinet
تلفزيون
televisi
موقد مفتوح
perapian
زهرة
bunga
وسادة
bantal
كنبة
sofa
مزهرية
vas
تحكم عن بعد
remote control

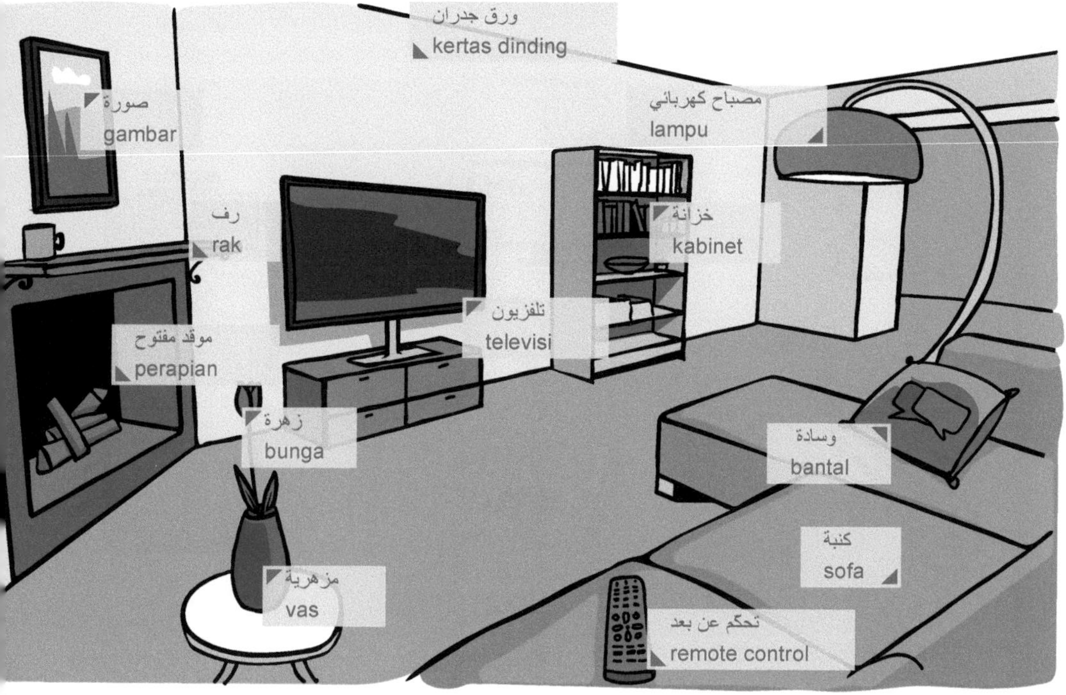

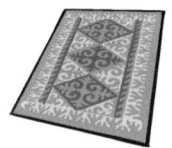

بصاط

karpet

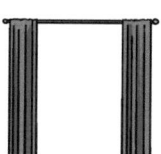

ستارة

korden

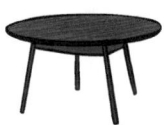

طاولة

meja

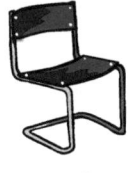

كرسي

kursi

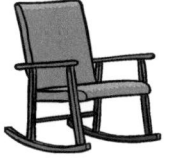

كرسي هزّاز

kursi goyang

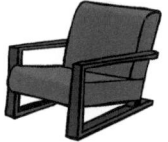

كرسي ذو ذراعين

kursi malas

الكتاب

buku

بطانية

selimut

زخرفة

dekorasi

الحطب

kayu bakar

فيلم

filem

تجهيزات ستيريو

hi-fi

مفتاح

kunci

جريدة

koran

لوحة مرسومة

lukisan

مُلصق

poster

راديو

radio

دفتر ملاحظات

buku tulis

المكنسة الكهربائية

penyedot debu

صبّار

kaktus

شمعة

lilin

مطبخ

dapur

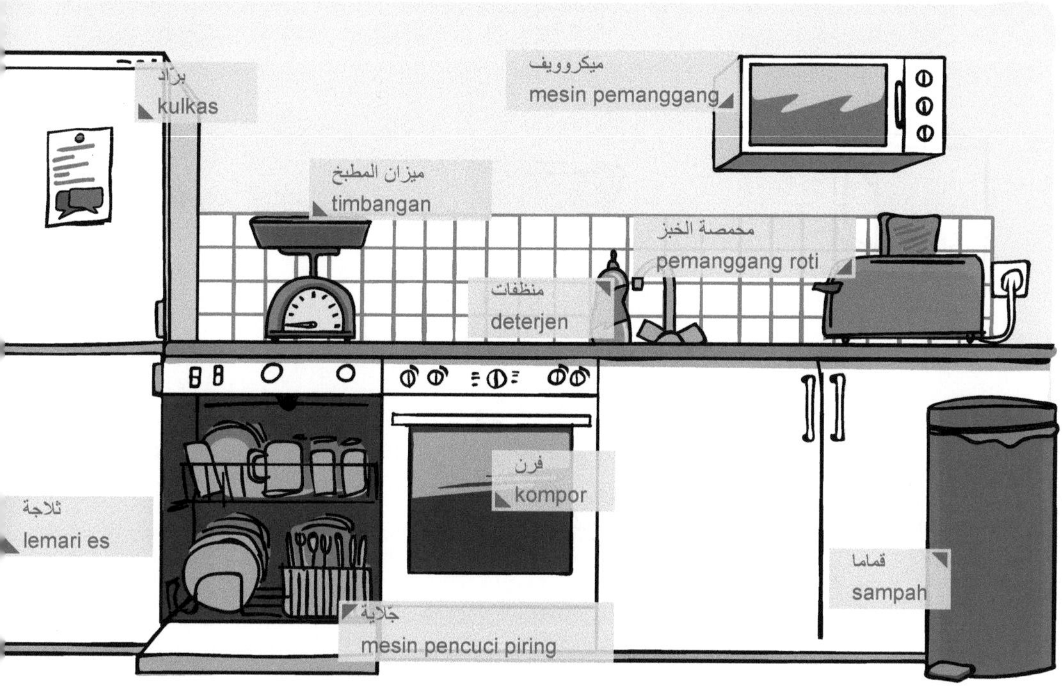

برّاد
kulkas
ميكروويف
mesin pemanggang
ميزان المطبخ
timbangan
محمصة الخبز
pemanggang roti
منظفات
deterjen
فرن
kompor
ثلاجة
lemari es
قماما
sampah
جلاية
mesin pencuci piring

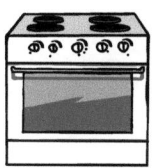

موقد

kompor

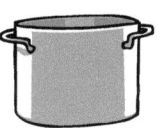

قِدر

panci

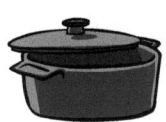

وعاء من الحديد

panci besi

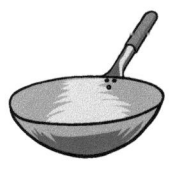

قدر صيني

wajan

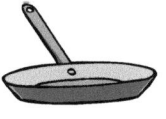

مقلاة

panci

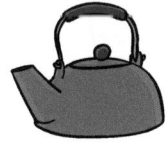

غلاية

pemanas air

قدر البخار

panci pengukus makanan

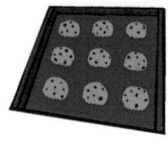

صينية

nampan

أواني

piring

فنجان

cangkir

صحن

mangkok

عيدان الأكل

sumpit

مغرفة

sendok sup

ملعقة منبسطة

sudip

خفاقة

mengocok

مصفاة

saringan

مصفاة

saringan

مِبشَرة

parutan

هاون

mortir

شواء

barbeque

موقد

api terbuka

لوح التقطيع

papan memotong

نشّابة

gilingan

مفتاح الزجاجات

alat pembuka botol

علبة

kaleng

مفتاح العلب المعدنية

pembuka kaleng

قماش الفرن

pegangan panci

مجلى

wastafel

فرشاة

sikat

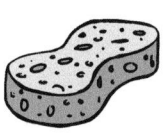

إسفنج

busa

خلاط

mesin pencampur

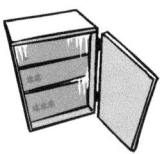

مجمّدة

lemari es

زجاجة الطفل

botol bayi

صنبور الماء

keran

الحمّام
kamar mandi

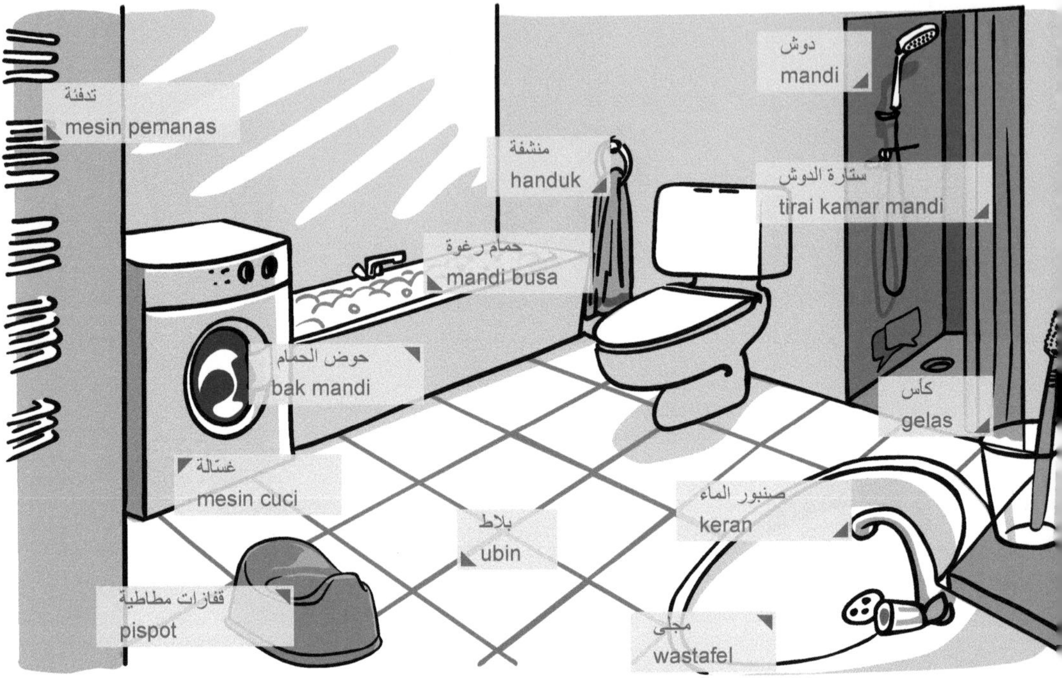
تدفئة
mesin pemanas
منشفة
handuk
دوش
mandi
ستارة الدوش
tirai kamar mandi
حمام رغوة
mandi busa
حوض الحمام
bak mandi
كأس
gelas
غسّالة
mesin cuci
صنبور الماء
keran
بلاط
ubin
قفازات مطاطية
pispot
مجلى
wastafel

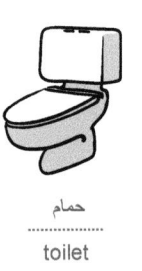

حمام
toilet

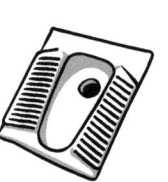

مرحاض القرفصاء
toilet jongkok

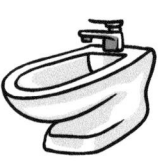

حوض التشطيف
bidet

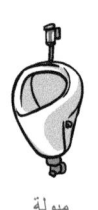

مبولة
pissoir

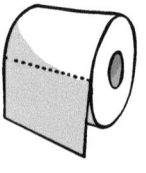

ورق المرحاض
kertas toilet

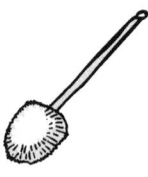

فرشاة الحمام
sikat toilet

فرشاة الأسنان

sikat gigi

معجون الأسنان

pasta gigi

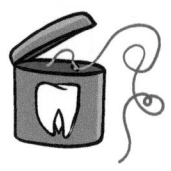

خيط حرير لتنظيف الأسنان

benang gigi

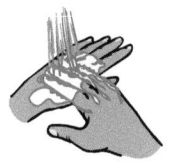

يغسل

menyuci

رشاش ماء يدوي

pancuran tangan

شطاف

pancuran

حوض الغسيل

bak

فرشاة الظهر

sikat punggung

صابون

sabun

جيل الدوش

gel mandi

شامبو

sampo

ممسحة

planel

مصرف للماء

kuras

مرهم

krim

مزيل الروائح

deodoran

مرآة
....
kaca

مرآة يد
....
cermin tangan

موس حلاقة
....
pisau cukur

رغوة الحلاقة
....
busa cukur

كولونيا
....
aftershave

مشط
....
sisir

فرشاة
....
sikat

سشوار
....
alat pengering rambut

مثبت للشعر
....
semprot rambut

ماكياج
....
makeup

روج
....
lipstik

طلاء أظافر
....
cat kuku

قطن
....
kapas

مقص أظافر
....
gunting kuku

عطر
....
minyak wangi

سلّة الغسيل

kantong pencuci

مقعد صغير

bangku

ميزان

timbangan

معطف الحمام

mantel mandi

قفازات مطاطية

sarung tangan karet

سدادة قطنية

tampon

منشفة صحية

handuk pembalut

تواليت كيميائية

toilet kimia

غرفة الأطفال
kamar anak

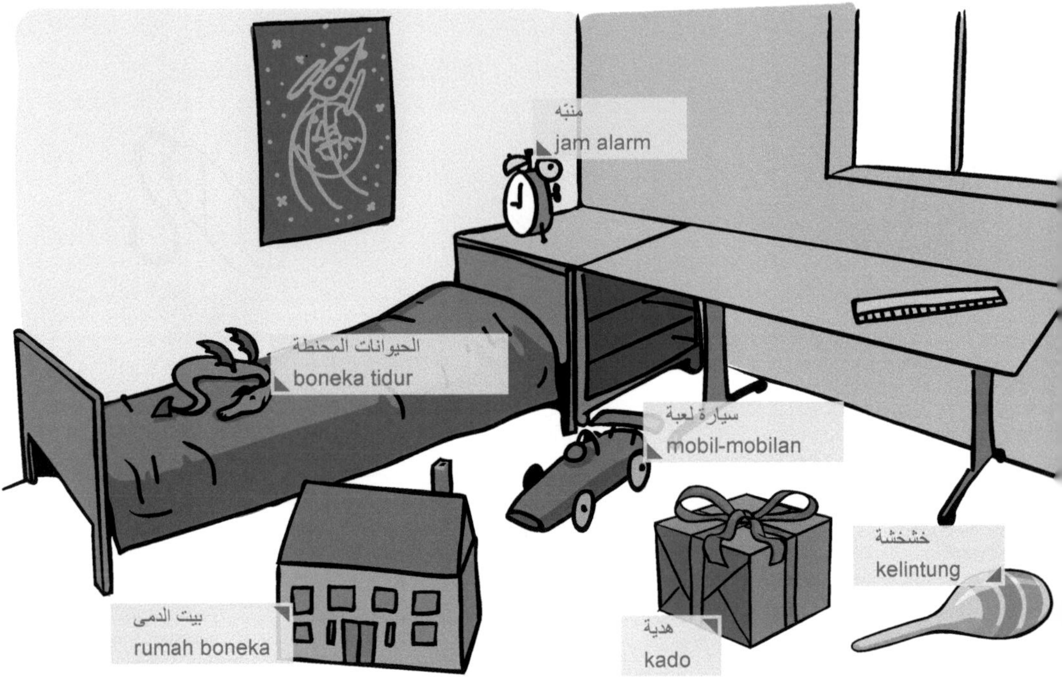

منبّه
jam alarm
الحيوانات المحنطة
boneka tidur
سيارة لعبة
mobil-mobilan
خشخشة
kelintung
بيت الدمى
rumah boneka
هدية
kado

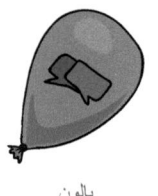

بالون
balon

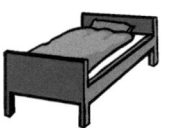

سرير
tempat tidur

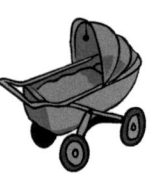

عربة الأطفال
kereta bayi

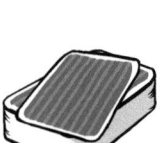

لعبة الورق
mainan kartu

أحجية
teka-teki

SUPER MEGA

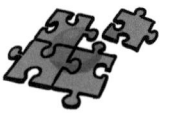

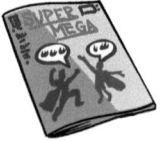

رسوم هزلية
komik

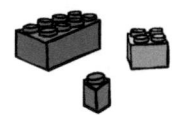

أحجار الليغو
mainan lego

حجارة تركيب
blok mainan

دمية بطل
figur aksi

لباس الطفل
baju monyet

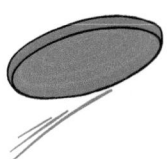

فريسبي
frisbee

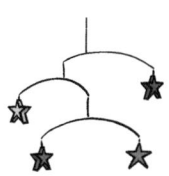

دمية معلقة
mobile

لعبة الطاولة
permainan papan

لعبة النرد
dadu

لعبة قطار
set model kreta api

مصّاصة
dot

حفلة
pesta

كتاب مصوّر
buku gambar

كرة
bola

دمية
boneka

يلعب
bermain

ملعب رملي للأطفال

tempat main pasir

أرجوحة

ayunan

لعبة

mainan

ألعاب فيديو

video game konsol

دراجة ثلاثية

sepeda roda tiga

دمية على شكل الدب

teddy

خزانة الثياب

lemari pakaian

ثياب

pakaian

جوارب قصيرة

kaos kaki

جوارب طويلة

kaos kaki

جورب بنطلون

baju ketat

شال
syal

شمسية
payung

تي شيرت
kaos

حزام
sabuk

حذاء شتوي
sepatu bot

شبشب
sandal

أحذية رياضية
sepatu

صندل
....
sandal

حذاء
....
sepatu

جزمة كاوتشوك
....
sepatu bot karet

سروال داخلي
....
celana dalam

صدارة
....
BH

قميص داخلي
....
baju rompi

ثياب - pakaian

لباس ملاصق للجسم

body

بنطلون

celana

جينز

jeans

تنورة

rok

بلوزة

blus

قميص

kemeja

سترة قطنية

aket berkerudung

كنزة كم طويل

sweater

سترة فضفاضة

jaket

سترة

jaket

معطف

mantel

معطف مطري

jas hujan

زي - طقم نسائي

kostum

ثوب

gaun

ثوب الزفاف

gaun pengantin

طقم
....
setelan resmi

قميص نوم
....
gaun tidur

بيجاما
....
piyama

ساري
....
sari

حجاب
....
jilbab

عمامة
....
turban

برقع
....
burka

قفطان
....
kaftan

عباءة
....
abaya

مايوه
....
pakaian renang

سروال سباحة
....
celana renang

شرت
....
celana pendek

بدلة رياضية
....
olah raga

مئزر
....
celemek

قفازات
....
sarung tangan

زر
....
kancing

نظّارة
....
kacamata

إسوارة
....
gelang

عقد
....
kalung

خاتم
....
cincin

قرط
....
anting

طاقيّة
....
topi

علاقة ثياب
....
gantungan mantel

قبّعة
....
topi

ربطة العنق
....
dasi

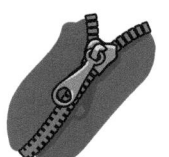

سحّاب
....
ritsleting

خوذة
....
helm

حمّالة البنطلون
....
tali selempang

اللباس المدرسي
....
seragam sekolah

زي موحّد
....
seragam

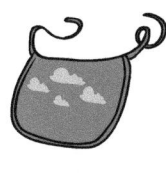

مريلة الأطفال

....

oto

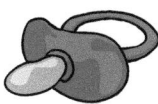

مصّاصة

....

dot

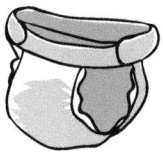

لفافة

....

popok

مكتب

kantor

المخدّم
server
خزانة الملفات
lemari arsip
طابعة
pencetak
ورقة
kertas
شاشة
layar
طاولة المكتب
meja kerja
فارة
mouse komputer
ملف
tempat pengarsipan
لوحة المفاتيح
papan tombol
قماما
tempat sampah
حاسوب
computer
كرسي
kursi

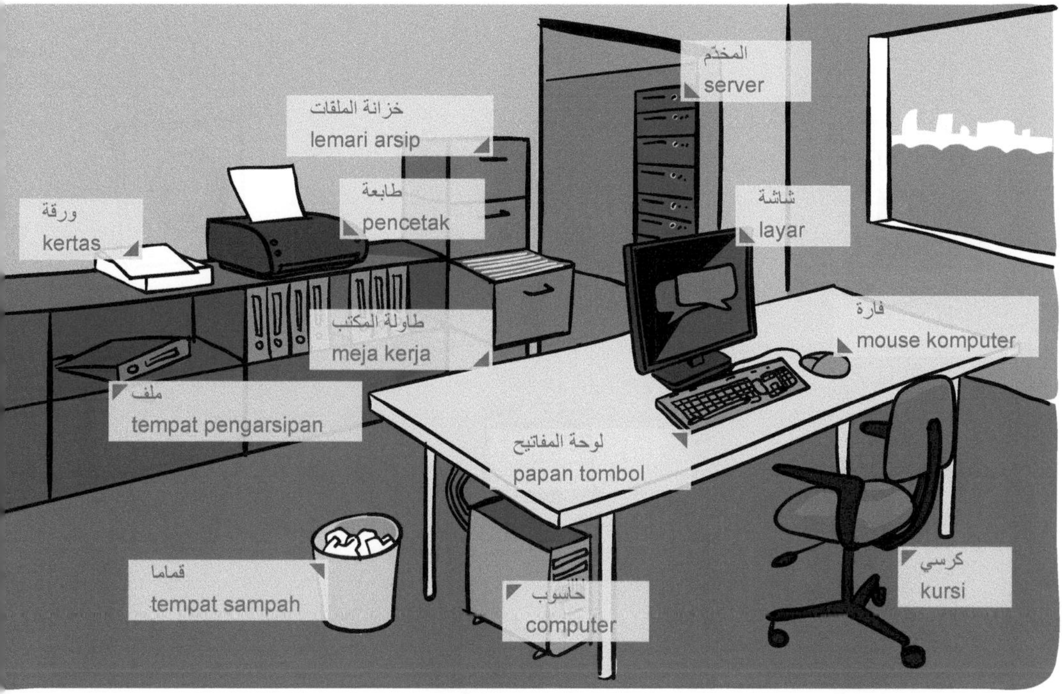

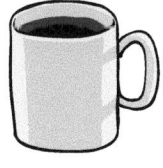

كأس من القهوة

....

cangkir kopi

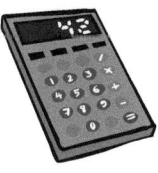

الآلة الحاسبة

....

kalkulator

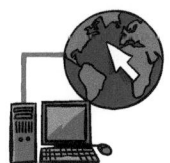

الإنترنت

....

internet

الحاسوب المحمول

laptop

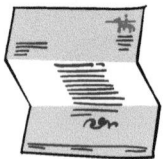

رسالة

surat

خبر

pesan

الهاتف المحمول

telepon seluler

شبكة

jaringan

جهاز تصوير

fotokopi

البرمجيات

software

هاتف

telepon

مقبس كهربائي

plug soket

فاكس

mesin fax

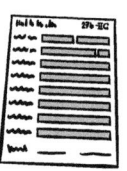

استمارة

formulir

وثيقة

dokumen

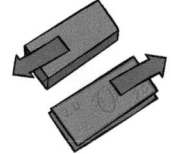

يشتري

membeli

يدفع

membayar

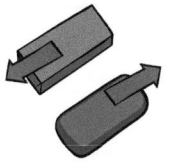

يتاجر

berdagang

مال

uang

دولار

Dollar

يورو

Euro

ين

Yen

روبل

Rubel

فرنك سويسري

Franc Swiss

يوان

Renminbi Yuan

روبية

Rupiah

صرّاف آلي

ATM

مكتب صرافة
....
kantor pertukaran mata uang

ذهب
....
emas

فضة
....
perak

نفط
....
minyak

طاقة
....
energi

سعر
....
harga

عقد
....
kontrak

ضريبة
....
pajak

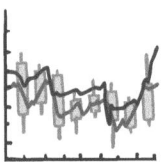

سهم
....
saham

يعمل
....
bekerja

موظف
....
karyawan

رب العمل
....
majikan

مصنع
....
pabrik

متجر
....
toko

المِهَن

pekerjaan

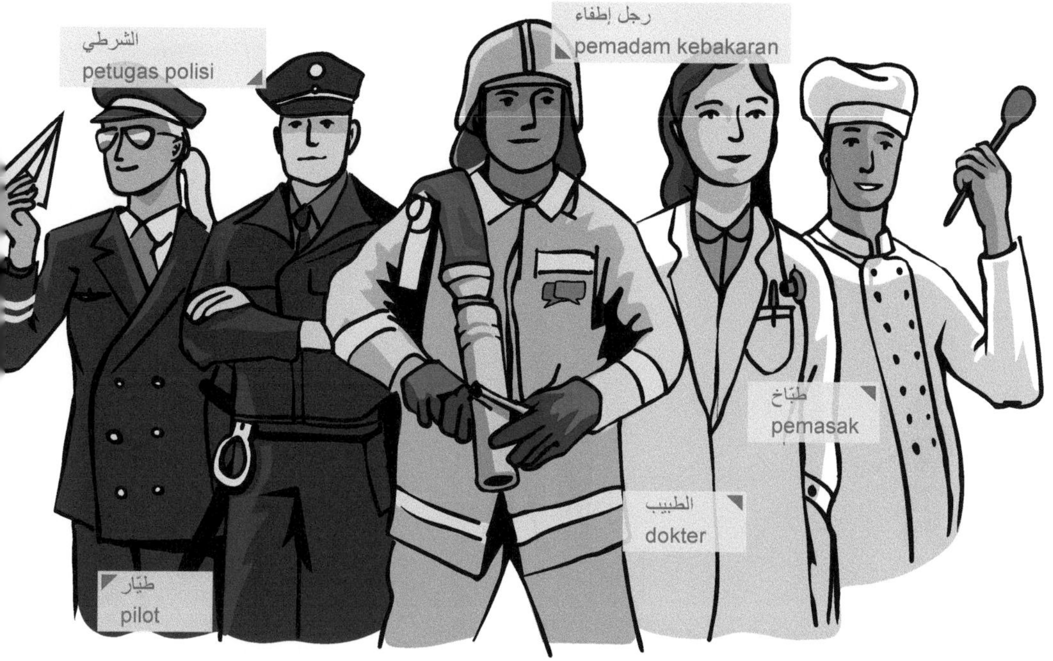

الشرطي
petugas polisi
رجل إطفاء
pemadam kebakaran
طبّاخ
pemasak
الطبيب
dokter
طيّار
pilot

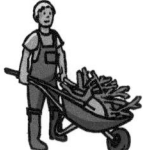

بستاني

tukan kebun

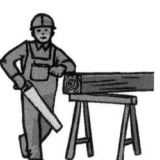

نجّار

tukang kayu

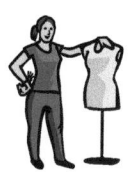

خيّاطة

penjahit wanita

قاضٍ

hakim

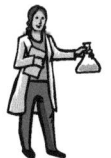

كيميائي

ahli kimia

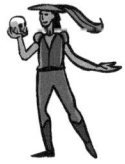

ممثل

aktor

سائق حافلة

sopir bis

سائق تاكسي

sopir taksi

صياد سمك

nelayan

أجيرة للتنظيف

pembantu

بنّاء سقف

tukang atap

نادل

pelayan

صيّاد

pemburu

رسّام

pelukis

خباز

tukang roti

كهربائي

tukang listrik

عامل بناء

pembangun

مهندس

insinyur

لحّام

tukang daging

سمكري

tukang ledeng

ساعي البريد

tukang pos

جندي

tentara

مهندس معماري

arsitek

أمين صندوق

kasir

بائع الزهور

penjual bunga

حلاق

penata rambut

مراقب القطار

konduktor

ميكانيكي

montir

قبطان

kapten

طبيب أسنان

dokter gigi

رجل العلم

ilmuwan

حاخام

rabbi

إمام

imam

راهب

biarawan

كاهن

pendeta

عدة عمل

alat

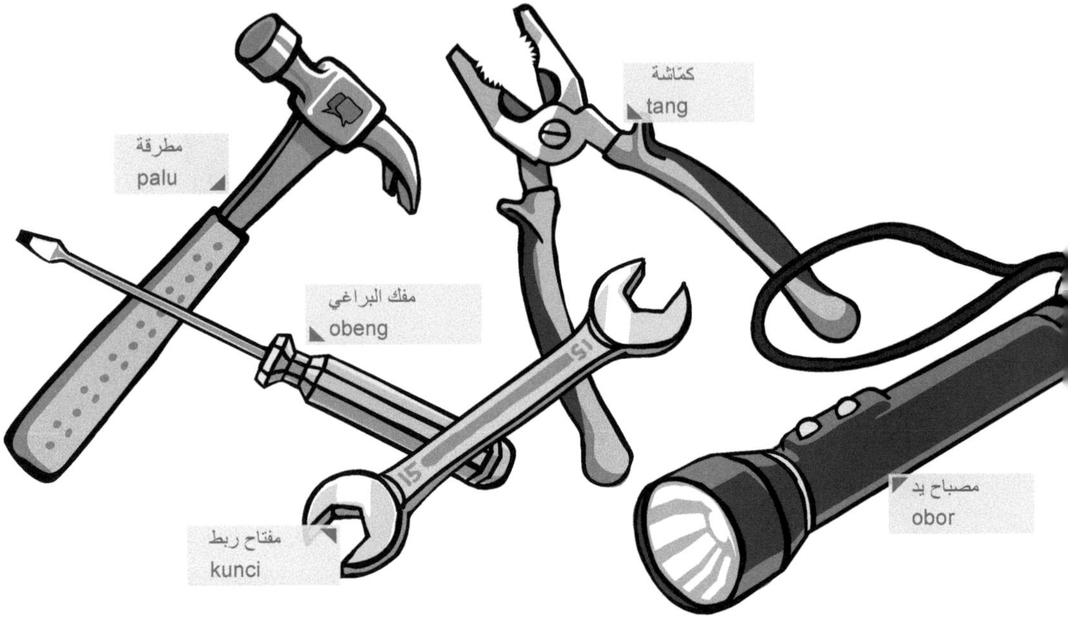

كماشة
tang
مطرقة
palu
مفك البراغي
obeng
مصباح يد
obor
مفتاح ربط
kunci

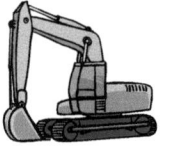

جرافة

penggali

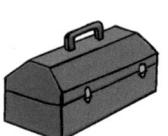

صندوق العدة

tas perkakas

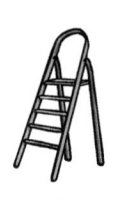

سلّم

tangga

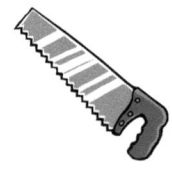

منشار

gergaji

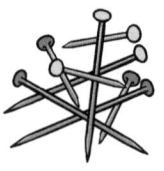

مسامير

paku

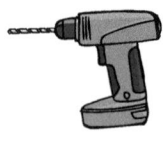

مثقب

bor

يصلح
....
perbaikan

مجرفة
....
sekop

اللعنة
....
Sialan!

لقاطة الكناسة
....
cikrak

سطل الألوان
....
pot cat

براغي
....
sekrup

آلات موسيقية

alat musik

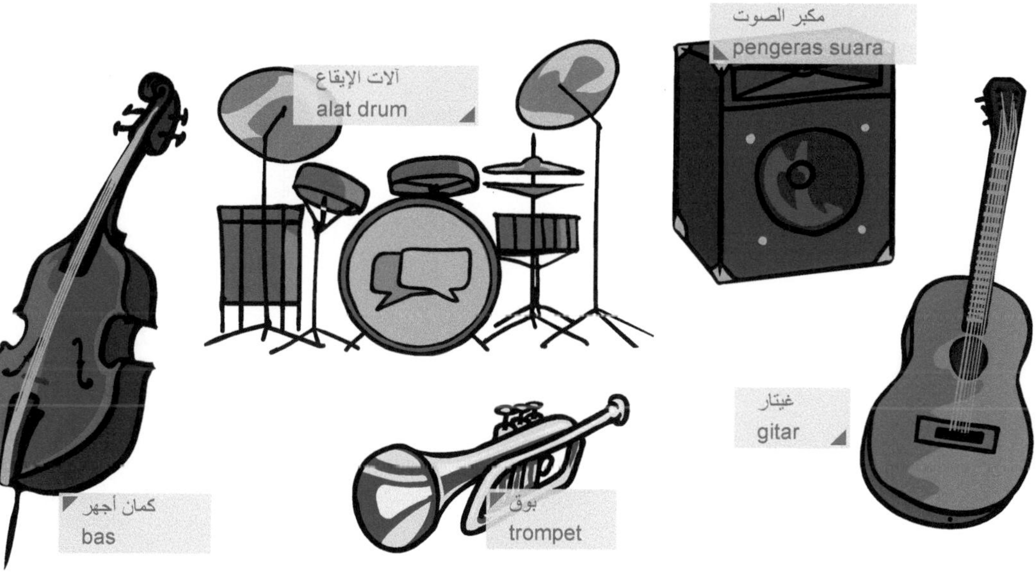

آلات الإيقاع
alat drum

مكبر الصوت
pengeras suara

غيتار
gitar

كمان أجهر
bas

بوق
trompet

بيانو

piano

كمنجة

violin

جهير

bass

طبل كبير

tambur

طبل

drum

بيانو كهربائي

keyboard

ساكسوفون

saksofon

ناي

suling

ميكروفون

mikrofon

آلات موسيقية - alat musik

حديقة حيوانات

kebun binatang

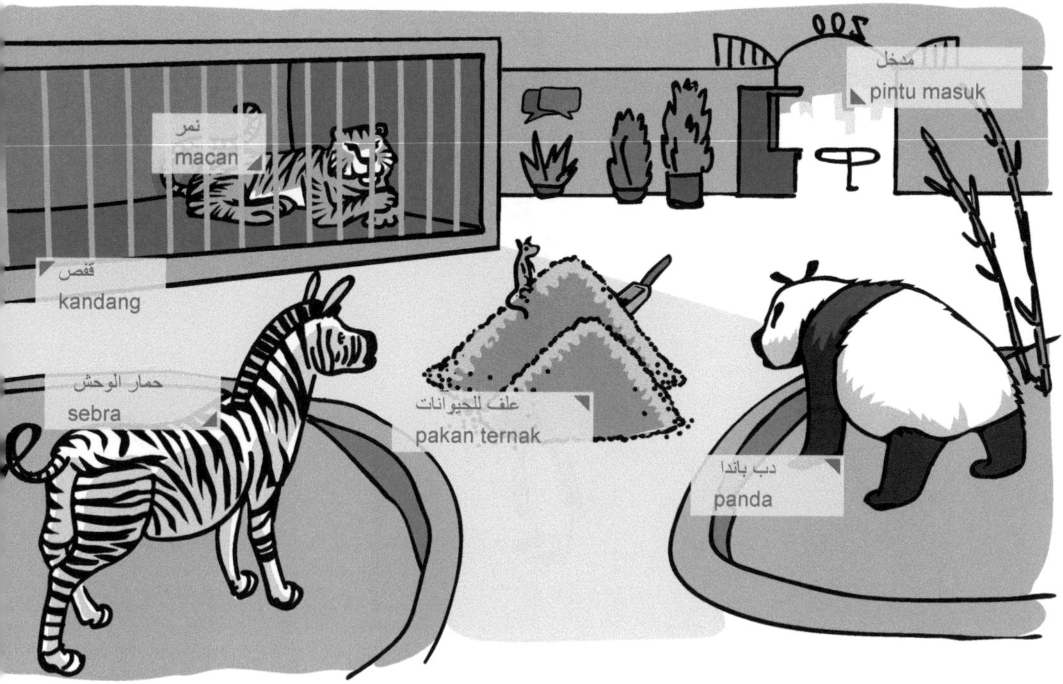
مدخل
pintu masuk
نمر
macan
قفص
kandang
حمار الوحش
sebra
علف للحيوانات
pakan ternak
دب باندا
panda

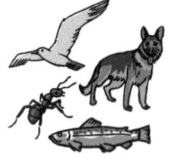

حيوانات

hewan

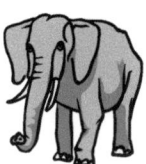

فيل

gajah

كنغر

kanguru

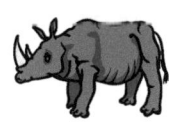

وحيد القرن

badak

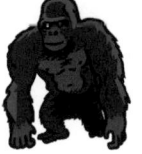

غوريلا

gorila

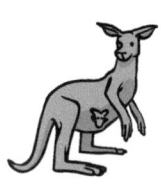

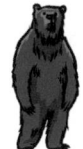

دب

beruang

جمل
....
unta

نعامة
....
burung unta

أسد
....
singa

قرد
....
monyet

طائر فلامينغو
....
flamingo

ببغاء
....
burung beo

دب قطبي
....
beruang polar

بطريق
....
penguin

سمك القرش
....
hiu

طاووس
....
merak

أفعى
....
ular

تمساح
....
buaya

حارس في حديقة الحيوان
....
penjaga kebun binatang

عجل البحر
....
segel

نمر أمريكي مرقط
....
jaguar

فرس قزم

kuda poni

نمر

macan tutul

فرس النهر

kuda nil

زرافة

jerapah

نسر

burung elang

خنزير برّي

babi jantan

سمك

ikan

سلحفاة

kura-kura

حيوان فظ البحري

anjing laut

ثعلب

rubah

غزال

kijang

كرة القدم الأمريكية
american football

ركوب الدراجات
naik sepeda

كرة التنس
tennis

كرة السلة
basketbal

السباحة
bernang

الملاكمة
tinju

هوكي الجليد
hoki es

كرة القدم
sepak bola

الريشة الطائرة
badminton

ألعاب القوى الخفيفة
atletik

كرة اليد
bola tangan

التزلج على الثلج
main ski

بولو
polo

يقفز
meloncat

يضحك
ketawa

يعانق
memeluk

يمشّي
berjalan

يغنّي
menyanyi

يحلم
mengimpi

يصلّي
berdoa

يقبّل
mencium

يكتب
menulis

يرسم
melukis

يُري
menunjuk

يدفع
mendorong

يعطي
memberikan

يأخذ
mengambil

يملك
....
mempunyai

يعمل
....
melakukan

يوجد
....
adalah

يقف
....
berdiri

يركض
....
berlari

يسحب
....
menarik

يرمي
....
melempar

يقع
....
jatuh

يستلقي
....
tidur

ينتظر
....
menunggu

يحمل
....
membawa

يجلس
....
duduk

يلبس
....
berpakaian

ينام
....
tidur

يستيقظ
....
bangun

ينظر إلى ..

melihat

يبكي

menangis

يمسّد

mengelus

يمشّط

menyisir

يتكلم

berbicara

يفهم

mengerti

يسأل

menanyak

يسمع

mendengar

يشرب

minum

يأكل

makan

يرتب

merapikan

يحب

cinta

يطبخ

memasak

يقود

menyetir

يطير

terbang

يبحر بزورق شراعي

berlayar

يحسب

menghitung

يقرأ

membaca

يتعلم

belajar

يعمل

bekerja

يتزوج

menikah

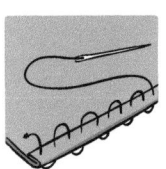

يخيط

menjahit

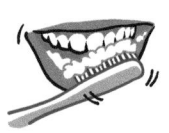

ينظف أسنانه

sikat gigi

يقتل

membunuh

يدخّن

merokok

يرسل

kirim

نشاطات - aktivitas

عائلة
keluarga

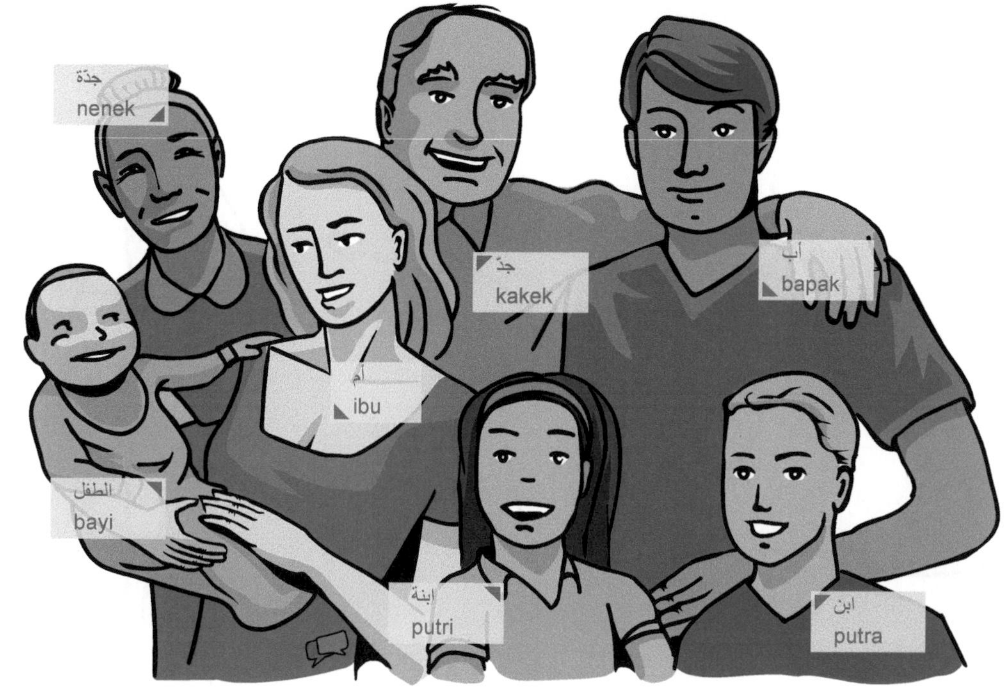
جدّة
nenek
جدّ
kakek
أب
bapak
أم
ibu
الطفل
bayi
ابنة
putri
ابن
putra

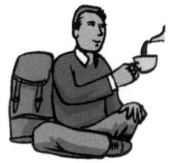

ضيف

tamu

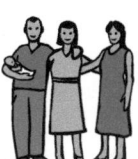

عمّة / خالة

bibi

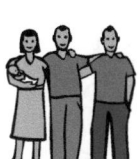

عمّ / خال

paman

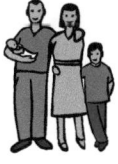

أخ

kakak laki

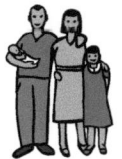

أخت

kakak perempuan

الجسم

badan

الجبين
dahi
العين
mata
الوجه
muka
الذقن
dagu
الصدر
payudara
الإصبع
jari
اليد
tangan
الذراع
lengan
الكتف
bahu
الساق
kaki

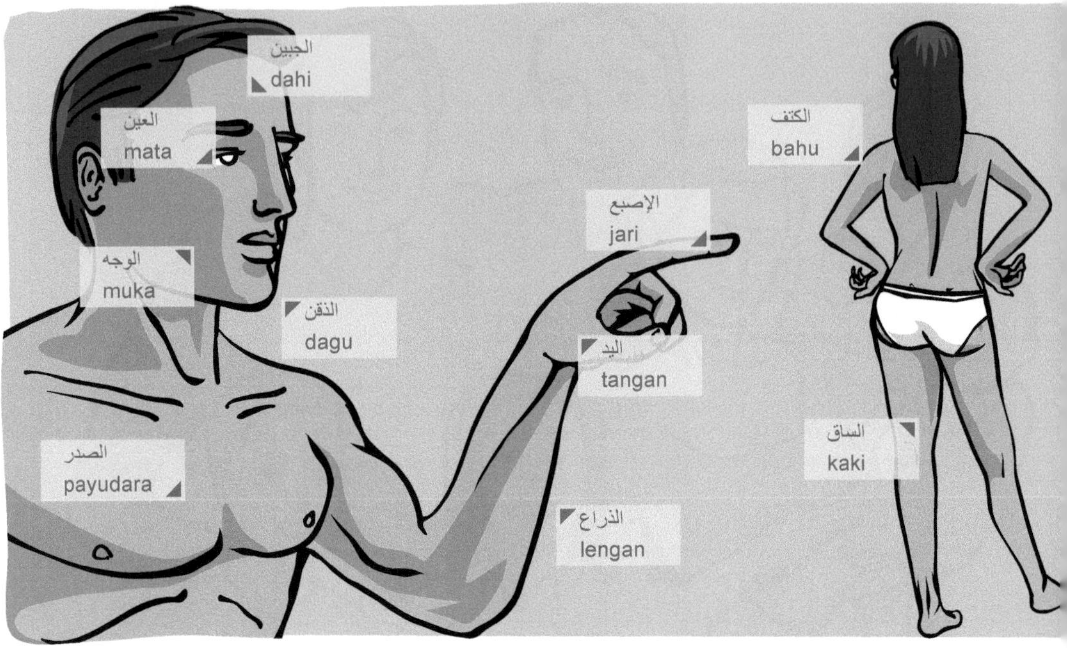

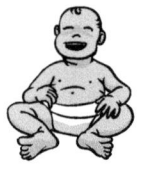

الطفل
bayi

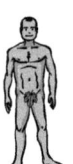

الرجل
pria

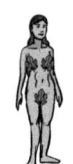

المرأة
wanita

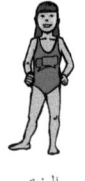

البنت
perempuan

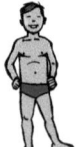

الولد
laki

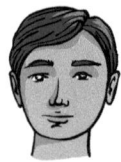

الرأس
kepala

الظهر

punggung

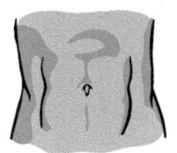

البطن

perut

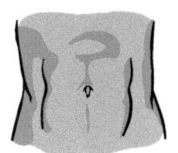

السرّة

pusar

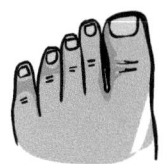

إصبع القدم

toe

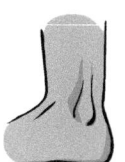

الكعب

tumit

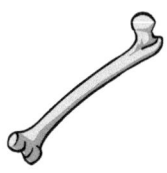

العظم

tulang

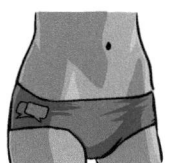

الورك

pinggang

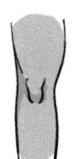

الركبة

lutut

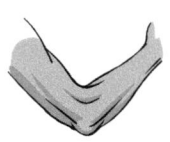

المرفق

siku

الأنف

hidung

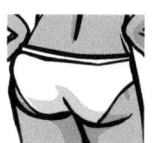

العَجُز

pantat

البشرة

kulit

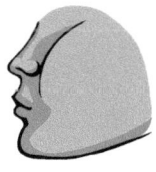

الخد

pipi

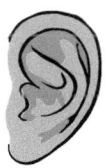

الأذن

telinga

الشفة

bibir

الفم

mulut

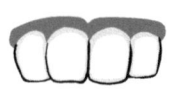

السنّ

gigi

اللسان

lidah

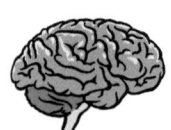

الدماغ

otak

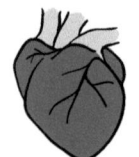

القلب

jantung

العضلة

otot

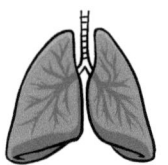

الرئة

paru-paru

الكبد

hati

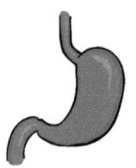

المعدة

stomach

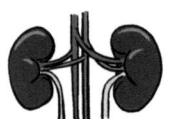

الكلى

ginjal

الاتصال الجنسي

hubungan seks

الواقي المطاطي

kondom

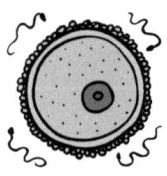

البويضة

sel telur

المنيّ

sperma

الحمل

kehamilan

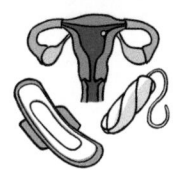

الحيض

menstruasi

المهبل

vagina

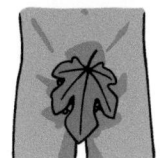

القضيب

penis

الحاجب

alis

الشعر

rambut

الرقبة

leher

المستشفى
rumah sakit

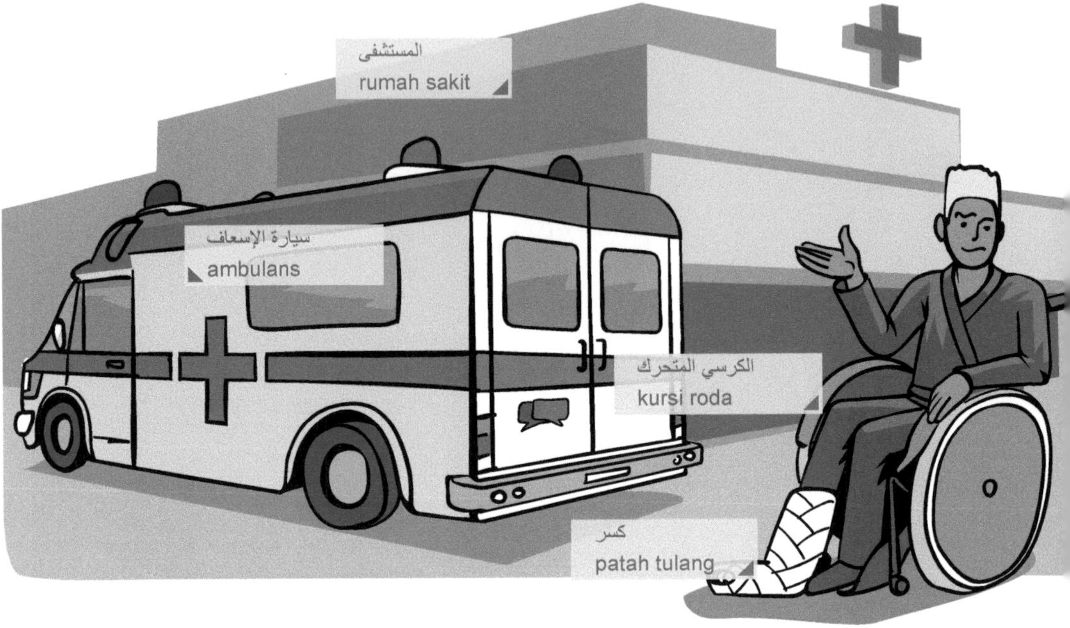

المستشفى
rumah sakit
سيارة الإسعاف
ambulans
الكرسي المتحرك
kursi roda
كسر
patah tulang

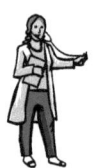

الطبيب

dokter

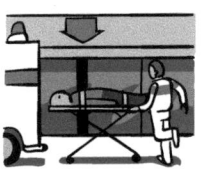

غرفة الإسعاف

ruang darurat

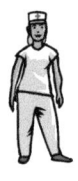

الممرضة

perawat

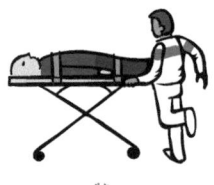

حالة

darurat

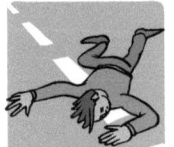

مغمى عليه

semaput

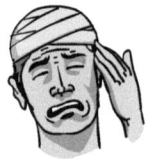

الألم

sakit

إصابة

cedera

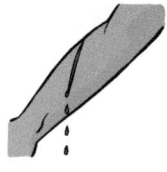

النزيف

perdarahan

احتشاء القلب

serangan jantung

جلطة

stroke

حسسية

alergi

السعال

batuk

الحُمَّى

demam

إنفلونزا

flu

الإسهال

diare

وجع الرأس

sakit kepala

السرطان

kanker

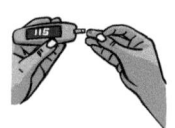

مرض السكر

diabetes

جرّاح

ahli bedah

مبضع

pisau bedah

عملية

operasi

سيتي سكان

CT

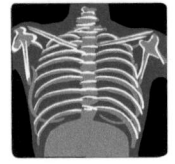

الأشعة السينية

sinar x

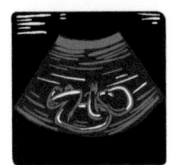

فوق الصوتي

usg

القناع

topeng

المرض

penyakit

غرفة الانتظار

ruang tunggu

العُكّاز

penyokong

شريط لاصق

plester

ضماد

perban

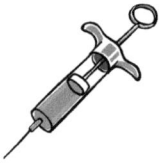

حقنة

injeksi

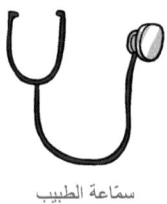

سمّاعة الطبيب

stetoskop

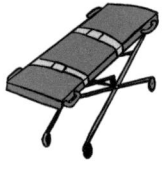

نقالة

usungan

ميزان حرارة

termometer klinis

ولادة

kelahiran

وزن زائد

kelebihan berat badan

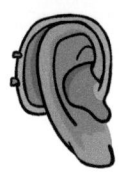

جهاز السمع

alat pendengar

المواد المعقمة

desinfektan

عدوى

infeksi

فيروس

virus

الإيدز

HIV / AIDS

الطب

obat

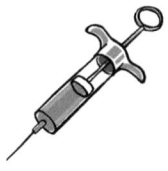

اللقاح

vaksinasi

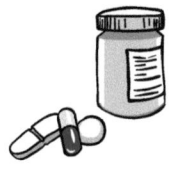

أقراص الدواء

tablet

حبّة الدواء

pil

نداء النجدة

panggilan darurat

مقياس ضغط الدم

ukur tekanan darah

مريض / صحيح

sakit / sehat

النجدة!

Tolong!

إنذار

alarm

اعتداء

penyerbuan

هجوم

serangan

خطر

bahaya

مخرج طوارئ

pintu darurat

حريق!

Api!

جهاز الإطفاء

alat pemadam kebakaran

حادث

kecelakaan

حقيبة الإسعاف الأولي

kit pertolongan pertama

أنقذونا

SOS

الشرطة

polisi

أوروبا

Eropa

أمريكا الشمالية

Amerika Utara

أمريكا الجنوبية

Amerika Selatan

أفريقيا

Afrika

آسيا

Asia

أستراليا

Australi

المحيط الأطلسي

Atlantik

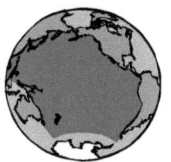

المحيط الهادي

Pasifik

المحيط الهندي

Samudra India

المحيط المتجمد الجنوبي

Samudra Antartika

المحيط المتجمد الشمالي

Samudra Arktik

القطب الشمالي

kutub utara

القطب الجنوبي
....

kutub selatan

منطقة القطب الجنوبي
....

Antarktika

أرض
....

bumi

بر
....

tanah

بحر
....

laut

جزيرة
....

pulau

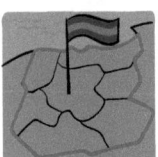

أمة
....

bangsa

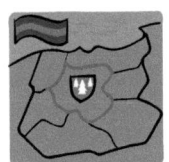

دولة
....

negara

ميناء الساعة

jam wajah

عقرب الساعات

jarum pendek

عقرب الدقائق

jarum menit

عقرب الثواني

jarum detik

كم الساعة الآن؟

Jam berapa?

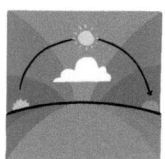

يوم

hari

زمن

waktu

الآن

sekarang

ساعة رقمية

jam digital

دقيقة

menlt

ساعة

jam

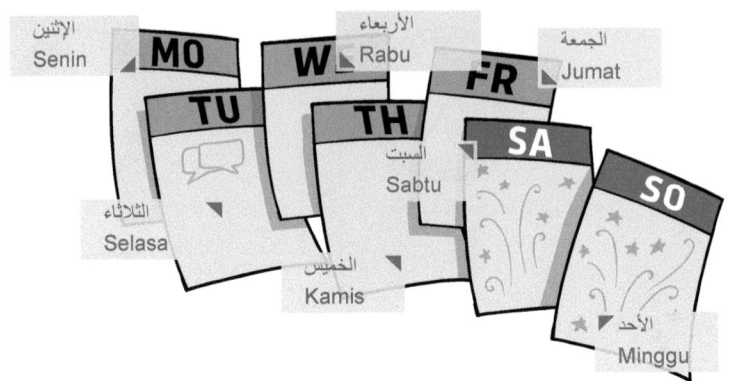

الإثنين Senin — MO
الأربعاء Rabu — W
الجمعة Jumat — FR
TU
TH
SA
الثلاثاء Selasa
السبت Sabtu
SO
الخميس Kamis
الأحد Minggu

الأمس

kemaren

اليوم

hari ini

غداً

besok

الصباح

pagi

الظهر

siang

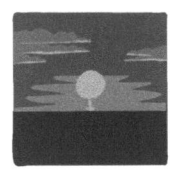

المساء

malam

MO	TU	WE	TH	FR	SA	SU
1	2	3	4	5	6	7
8	9	10	11	12	13	14
15	16	17	18	19	20	21
22	23	24	25	26	27	28
29	30	31	1	2	3	4

أيام العمل

hari kerja

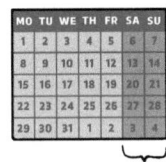

MO	TU	WE	TH	FR	SA	SU
1	2	3	4	5	6	7
8	9	10	11	12	13	14
15	16	17	18	19	20	21
22	23	24	25	26	27	28
29	30	31	1	2	3	4

نهاية الأسبوع

akhir minggu

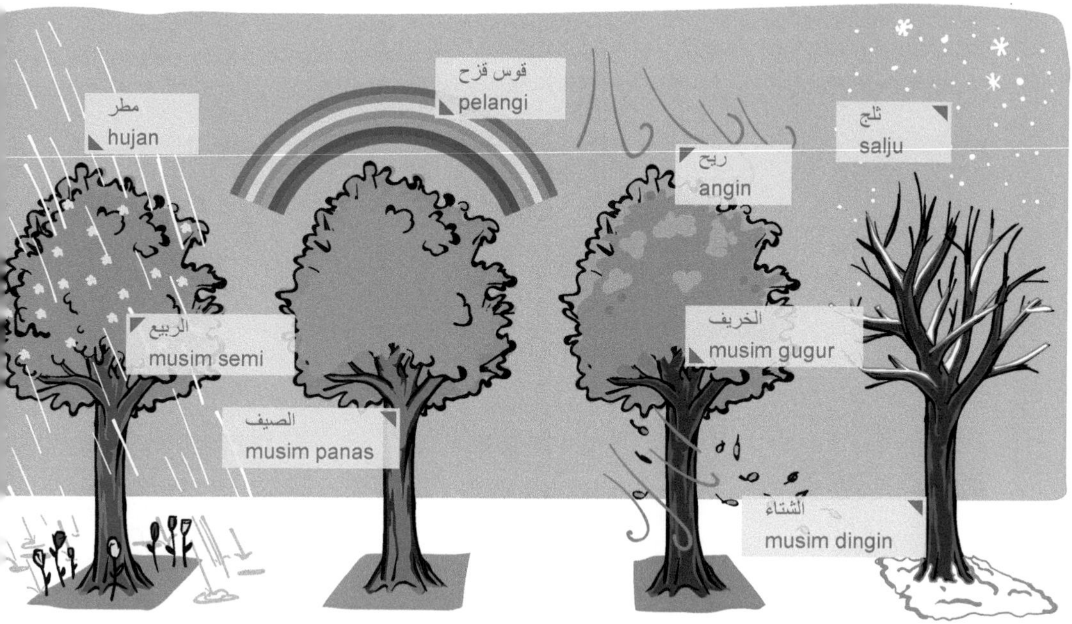

مطر
hujan
قوس قزح
pelangi
ريح
angin
ثلج
salju
الربيع
musim semi
الصيف
musim panas
الخريف
musim gugur
الشتاء
musim dingin

4.APRIL 11°
5.APRIL 4°
6.APRIL 13°
7.APRIL 8°
8.APRIL 10°

التنبؤ بالحالة الجوية

ramalan cuaca

F C
120 40
90 30
60 20
30 10
0 0
-30 -10
-20

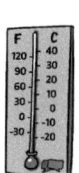

مقياس حرارة

termometer

ضوء الشمس

matahari

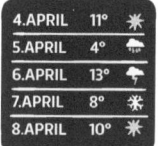

سحابة

awan

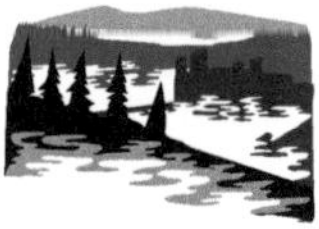

ضباب

kabut

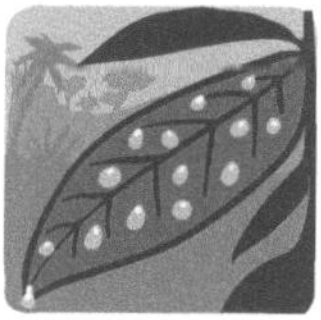

رطوبة الجو

kelembahan

برق

kilat

رعد

guntur

عاصفة

badai

بَرَد

hujan es

ريح موسمية

monsun

طوفان

banjir

جليد

es

كانون الثاني / يناير

Januari

شباط / فبراير

Februari

آذار / مارس

Maret

نيسان / أبريل

April

أيار / مايو

Mei

حزيران / يونيو

Juni

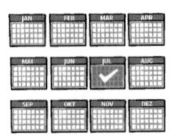

تموز / يوليو

Juli

آب / أغسطس

Agustus

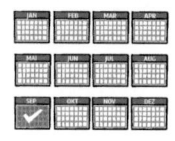

أيلول / سبتمبر
....
September

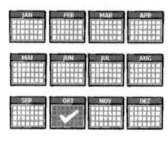

تشرين الأول / أكتوبر
....
Oktober

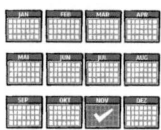

تشرين الثاني / نوفمبر
....
November

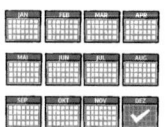

كانون الأول / ديسمبر
....
Desember

دائرة
....
lingkaran

مربّع
....
persegi

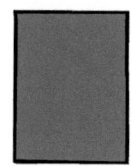

مستطيل
....
persegi panjang

مثلّث
....
segi tiga

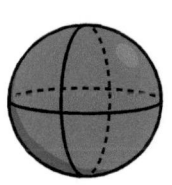

كرة
....
bola

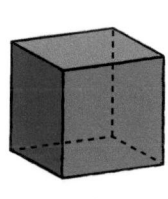

مكعب
....
kubus

warna-warna

أبيض

putih

أصفر

kuning

برتقالي

oranye

وردي

pink

أحمر

merah

بنفسجي

ungu

أزرق

biru

أخضر

hijau

بنّي

coklat

رمادي

abu-abu

أسود

hitam

كثير / قليل

banyak / sedikit

غضبان / هادئ

marah / tenang

جميل / قبيح

cantik / jelek

بداية / نهاية

mulaih / selesai

كبير / صغير

besar / kecil

فاتح / قاتم

terang / gelap

أخ / أخت

saudara laki-laki / saudara perempuan

نظيف / وسخ

bersih / kotor

كامل / ناقص

lengkap / tidak lengkap

نهار / ليل

hari / malam

ميت / حيّ

mati / hidup

عريض / ضيّق

luas / sempit

صالح للأكل / غير صالح

dapat dimakan / tidak dapat dimakan

شرّير / لطيف

jahat / baik

مثير / ممل

bersemangat / bosan

سمين / نحيف

gemuk / kurus

أولا / أخيرًا

pertama / terakhir

صديق / عدو

teman / musuh

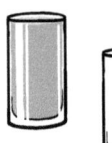

مليء / فارغ

penuh / kosong

صلب / ليّن

keras / lembut

ثقيل / خفيف

berat / enteng

جوع / عطش

lapar / haus

مريض / صحيح

sakit / sehat

غير شرعي / شرعي

ilegal / legal

ذكي / غبي

cerdas / bodoh

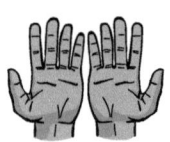

يسار / يمين

kiri / kanan

قريب / بعيد

dekat / jauh

جديد / مستعمل

baru / bekas

لا شيء / بعض الشيء

tidak ada apapun / sesuatu

مسن / شاب

tua / muda

يشعل / يطفئ

nyala / mati

مفتوح / مغلق

buka / tutup

خافت / عالٍ

tenang / keras

غني / فقير

kaya / miskin

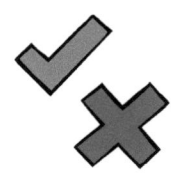

صح / خطأ

benar / salah

أحرش / أملس

kasar / halus

حزين / سعيد

sedlh / gembira

قصير / طويل

pendek / panjang

بطيء / سريع

pelan-pelan / cepat

مبلول / جاف

basah / kering

ساخن / بارد

hangat / sejuk

حرب / سلم

perang / damai

0

صفر

nol

1

واحد

satu

2

اثنان

dua

3

ثلاثة

tiga

4

أربعة

empat

5

خمسة

lima

6

ستة

enam

7

سبعة

tujuh

8

ثمانية

delapan

9

تسعة

sembilan

10

عشرة

sepuluh

11

أحد عشر

sebelas

12

اثنا عشر

duabelas

13

ثلاثة عشر

tigabelas

14

أربعة عشر

empatbelas

15

خمسة عشر

limabelas

16

ستة عشر

enambelas

17

سبعة عشر

tujuhbelas

18

ثمانية عشر

delapanbelas

19

تسعة عشر

sembilanbelas

20

عشرون

duapuluh

100

مائة

seratus

1.000

ألف

seribu

1.000.000

مليون

juta

الإنكليزية

Inggris

الإنكليزية الأمريكية

bahasa Inggris Amerika

لغة ماندارين الصينية

bahasa Cina Mandarin

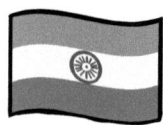

الهندية

bahasa Hindi

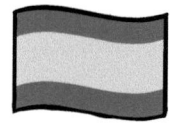

الإسبانية

bahasa Spanyol

الفرنسية

bahasa Perancis

العربية

bahasa Arab

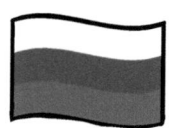

الروسية

bahasa Rusia

البرتغالية

bahasa Portugis

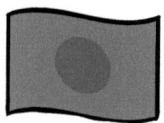

البنغالية

bahasa Bengal

الألمانية

bahasa Jerman

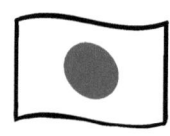

اليابانية

bahasa Jepang

أنا

saya

أنت

kamu

هو / هي

dia

نحن

kita

أنتم

kalian

هم

mereka

من؟

siapa?

ماذا؟

apa?

كيف؟

begaimana?

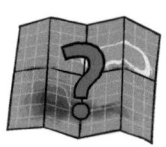

أين؟

dimana?

متى؟

kapan?

اسم

nama

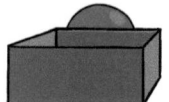

خلف
....
dibelakang

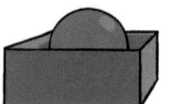

في
....
di

أمام
....
didepan

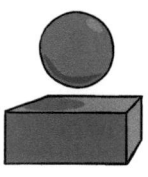

فوق
....
diatas

على
....
diatas

تحت
....
dibawah

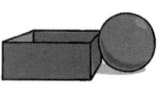

جنب
....
sebelah

بين
....
di antara

مكان
....
tempat